Collection

dossier

1. Jean Vanier, **La Dépression**

2. Jean-François Six, **La Solitude**

3. Stan Rougier, **L'attente des jeunes**

4. Denis Sonet, **Le Mariage**

5. Guy Gilbert, **La Violence**

6. D. Sonet, **L'art d'être parents et grands-parents**

6. D. Sonet, **La communication**

Dessin de couverture
Bernard DEBELLE

10190 Mesnil Saint-Loup (France)
ISBN 2-907429-89-2

DENIS SONET

illustrations
Henri MIGNIOT

LA COMMUNICATION

LE LIVRE OUVERT

LA COMMUNICATION

Qui n'a pas entendu parler aujourd'hui de la communication ? Qui n'a pas rêvé de vivre dans son couple ou dans sa famille une vraie communication ?

Pourtant ce rêve n'est pas la réalité. Il est des familles où l'on ne communique que pour se plaindre. D'autres, où l'on parle sans cesse mais où l'on ne s'écoute pas. D'autres où l'on se parle pour ne rien dire. D'autres enfin où l'on prétend que la parole n'est pas nécessaire puisqu'il existe la communication non verbale.

Est-ce à dire qu'on est tellement responsable de cette pauvreté de nos communications ? Certainement pas : nous avons appris beaucoup

de choses fort utiles à l'école, mais pratiquement rien au sujet de la relation interpersonnelle, alors que nous sommes en relation vingt-quatre heures sur vingt-quatre avec nos proches, nos amis, nos collègues de travail. La formation à la communication n'est pas encore entrée dans les programmes scolaires. Elle ne fait son apparition que dans les sessions de formation des cadres, dans un but de rentabilité. Le constat s'impose : nous avons à apprendre à communiquer.

Puissent ces quelques pages, qui n'ont pas la prétention d'être un cours exhaustif sur ce thème, nous aider du moins à mieux percevoir dans quelle direction il nous faut chercher pour améliorer nos dialogues et nous mettre peut-être en appétit pour une formation plus approfondie et plus didactique.

La communication en famille

Nécessaire ? Vital ? Pourquoi ?

■ Nous sommes des êtres de relations !

Chaque personne est la résultante des multiples relations qui l'ont faite ce qu'elle est... (tel parent, tel éducateur qui l'a marqué, tels amis ou collègues de travail). Et plus nos relations ont été nombreuses et riches, plus nous avons reçu. L'homme s'humanise par la relation et le dialogue. La parole est structurante de la personnalité.

Si l'homme est relation, c'est qu'en définitive il est à l'image de Dieu. D'un Dieu qui est Trinité, d'un Dieu qui est Famille, Relation. D'un Dieu qui est échange merveilleux au sein de la Trinité. Dieu de dialogue, Il a dialogué avec les premiers hommes par la médiation de la Nature. Il a dialogué avec le peuple choisi par les prophètes, mais il a surtout manifesté sa volonté de dialogue avec tous les hommes en envoyant sur terre son Fils, Sa Parole, son Verbe.

Communiquer :
Vital pour le tout-petit !

Dès le sein de sa mère, l'enfant (infans = ne parlant pas) ne parle pas... mais dès qu'il en est séparé, dès qu'il quitte la douce fusion, il est en détresse et il crie ; la parole jaillit alors, car elle permet de jeter un pont sur le manque, de combler l'angoisse. Dès qu'il a un besoin, il appelle et perfectionne son langage ! À l'inverse, dès que l'on ne lui parle pas, il connaît l'angoisse de la solitude et de l'abandon. C'est la relation, le dialogue qui développe son intellect. On connaît à l'école, le handicap de départ des enfants à qui les parents parlent peu ou pauvrement. L'histoire de l'enfant-loup, abandonné dans la jungle et devenu incapable d'une relation avec les humains l'illustre bien.

Vital pour l'adolescent !

Ses parents ne peuvent plus se contenter de lui asséner la vérité : il a besoin de confronter, dans un dialogue *"démocratique"*, ce qu'il entend par ailleurs avec la position de ses parents. D'ailleurs les adolescents réclament explicitement et avec insistance écoute et dialogue :

"Pourquoi mes parents ne m'écoutent pas ?"
"On ne peut jamais parler avec papa. Il n'y a que sa télé..."

"Mon père ne parle que pour nous engueuler, alors ?..."

"Ca sert à rien de discuter avec mes parents, mon père a toujours raison."

"Pourquoi mes parents ne me comprennent-ils pas quand je ne dis rien ?"

" Chez nous, à table, çà ne parle que des impôts et du prix de la bouffe. "

" C'est cool des parents à qui on peut tout dire."

" Mes parents ne parlent pas avec moi, mais vous savez, ils ne parlent pas non plus entre eux ".

" Je raconterais bien tout à ma mère, mais après, elle court le raconter à mon père."

" Mon père ne m'a jamais dit qu'il m'aimait."...

■ Question de Vie ou de mort pour le couple

" Hors de la communication, pas de salut pour le couple."

"Quand on ne se parle plus, on finit par n'avoir plus rien à se dire. Quand on cesse de se regarder, on finit par ne plus se voir. Et tout çà se fait sans aucune faute consciente. Le péché d'omission qu'on a supprimé du "confiteor" est le plus terrible.

Ce qui tue un foyer, ce ne sont pas les querelles, les difficultés, le manque d'argent, ce n'est même pas l'infidélité, c'est la routine, c'est quand on se regarde plus, c'est quand on ne se parle plus, quand on ne se dispute même plus et çà se fait tout à fait inconsciemment." Evely

La communication empêche les phantasmes et les malentendus. On ne peut pas se situer en face de quelqu'un qui ne parle pas. On lui impute alors des pensées ou des intentions qu'il n'a pas.

"Quand mon mari rentre du travail, je vois bien qu'il est pensif et ennuyé. Comme il ne dit rien, je me pose des questions : Est-ce qu'il va

être au chômage ? Est-ce qu'il me trompe ? ou, a-t-il mal au foie tout simplement ? Si je me range à cette hypothèse, je lui prépare une tisane et il m'envoie balader. "Fiche-moi la paix, je ne t'ai rien demandé... !"

La Communication permet l'adaptation

Indispensable pour vivre vingt, trente, cinquante ans ensemble !

Chaque conjoint va évoluer avec les années. Si on parle, on peut s'ajuster, on connaît les nouveaux désirs de l'autre et on peut y répondre.

Un mari de quarante cinq ans dit un jour à sa femme :

" Je ne sais pas ce qui me prend mais j'aimerais aller vivre tout seul sur une île déserte, avec une belle minette ! "

Réponse : *" Merci mon chéri de ta franchise, je sais ce qu'il me reste à faire. Tu veux une super minette, tu l'auras ! "* Pas plus tard que demain, coiffeur et régime sont au programme !

" Si tu me dis un jour que tu es fatiguée
Je me ferai Repos !

Si tu me dis que ma présence te pèse
Je me ferai Silence !

Si tu me dis que mon visage te lasse
Je me ferai Beauté !

Si tu me dis un jour que ton amour
s'envole
Je me ferai Désir !

Si tu me dis : j'ai faim de tes baisers,
Je me ferai Tendresse !

Si tu me dis toujours ce qui ne va pas,
Je ferai des miracles !

Mais si tu ne me dis rien ?..."

La Communication permet de conserver l'admiration pour l'autre

L'être humain est un infini dont on n'a jamais fait le tour. Si on ne parle pas, on finit par ne plus voir le merveilleux de l'autre. Ceux qui dialoguent découvrent constamment le trésor intérieur et l'amour rejaillit à chaque découverte.

La communication aide le couple à réaliser son harmonie charnelle, comme d'ailleurs son enrichissement spirituel.

Elle apporte des moments délicieux dont les couples auraient bien tort de se priver.

La Communication permet de résoudre en famille les tensions

La verbalisation des sentiments libère. Un enfant doit pouvoir exprimer sa souffrance, sa colère, la joie de ses succès à l'école ou ailleurs.

Chaque membre du couple a besoin d'un lieu de parole où il puisse "vider son sac."

Communiquer ce n'est pas si facile

La Communication est "la tarte à la crème" moderne. Tout le monde en parle. Les moyens de communication se sont décuplés. Mais est-elle pour autant au rendez-vous ? Nous pouvons dialoguer sur Internet avec un inconnu de Papouasie, mais pas forcément avec ses enfants. Nous pouvons connaître ce qui se passe à Kaboul, mais pas forcément dans le cœur de son épouse.

On peut dialoguer sur les antennes avec le psychologue de service, mais pas forcément avec les voisins dans l'ascenseur où chacun ne regarde que le bout de ses pieds !

Dès lors, nous assistons à des dialogues de sourds :

Laetitia - *"Tu es incapable d'admettre qu'on ne partage pas ton point de vue. C'est simple, tu as toujours raison !"*

Jean - *“Puisque c'est la vérité !”*

Laetitia - *“Tu vois, c'est vraiment impossible de dialoguer avec toi. En fait on devrait se faire aider par quelqu'un pour arriver à parler ensemble.”*

Jean - *“Je ne comprends pas, tout va très bien dans notre couple, que veux-tu que je te dise ?”*

Laetitia - *“Mais moi, je n'en peux plus, tu n'es qu'un mur !”*

Jean - *“Enfin, dis-moi ce qui te manque, tu as tout ce que tu veux !”*

Laetitia - *“Tout... sauf l'essentiel !”*

Finalement, la communication n'est pas si évidente : en aurait-on perdu la recette !

Pourquoi ?

ATTENTION !

- aux malentendus de départ qui faussent le dialogue !

Les images-écran : J'ai de l'autre ou de mes enfants une image désirée ou imaginaire ; je leur prête les qualités que je désire qu'ils aient, comme l'autre ou mes enfants ont de moi une image qui ne correspond pas à ce que je suis réellement.

À l'inverse, je peux avoir une image dévalorisée des autres ; j'amplifie leurs défauts, comme eux peuvent amplifier les miens. Résultat : la rencontre se fait entre des étrangers, et le dialogue est faussé.

- à la fusion qui empêche la communication !

Quand les conjoints ne mettent pas entre eux une certaine distance, la parole devient inutile : *"Il me comble"*. Inutile donc de communiquer. Il m'aime, il sait bien ce qu'il me faut !

Pour qu'il y ait dialogue, il faut que je sache bien qu'une partie de l'autre m'échappe, que seul le dialogue peut m'ouvrir sur le mystère toujours persistant de l'autre. Les amoureux s'écrivent quand ils sont séparés !

- aux faux dialogues intérieurs !

Chacun fait les questions et les réponses dans sa tête, puisqu'il prétend connaître l'autre. Il sait mieux que l'autre ce qu'il pense, ce qu'il ressent. Il pense à sa place. La parole devient inutile :

"Il sait ce que je sais..."
"Je sais ce que tu vas me dire, alors..."
"Je ne t'ai pas parlé parce que je savais que tu n'avais pas envie de m'écouter..."

Tels sont ces faux dialogues qui veulent éviter le vrai par peur d'être incompris ? rejeté ? ou de blesser ?

- à la pauvreté des dialogues !

Les mots s'affadissent, même les "chéries" répétés...

Mais il y a surtout tous ces dialogues quelconques : *"As-tu bien dormi ? As-tu faim ?..."*

Langage-lieu-commun, bouche-trou, servant à meubler, accompagné par des gestes de routine : bisous froids et rituels, caresses qui déclenchent un bâillement !

- à l'imposition de son ressenti !

C'est comme une pression morale qui dicte à l'autre ce qu'il doit penser, sentir ou faire :
"Tu dois parler au petit !"
"Tu dois envoyer une carte à ta mère."
"Tu dois aller à cette réunion !"
" Tu dois partager mon souci de ma mère malade, si tu m'aimes !"...

À sa fille : *"Il n'y a pas de raison que tu n'aimes pas ta maîtresse, elle est formidable !"*

À son fils aîné : *"Je t'ai inscrit dans cette école très réputée. Il faut que tu fasses honneur à ton père..."*

- à la mésestime de soi !

Ayant de moi une opinion négative, je suis persuadé que l'autre a sur moi le même jugement négatif. À la moindre phrase je me sens jugé. Je crains la parole de l'autre ; j'ai peur d'être déçu par sa réponse ou son indifférence.

- aux fausses interprétations !

Très fréquentes en famille, les interprétations sont la plaie des dialogues. On décode mal ce que dit l'autre.

Qu'entendez-vous mesdames, si votre mari vous dit : *"Ta paëlla est un peu ratée, mais tu es adorable !"*

Les unes n'entendent que : *"Ta paëlla est ratée"*, les autres *"Tu es adorable"*, pour une fois qu'il le dit ! Alors qu'il fallait entendre : *"C'est vrai que ce soir, la paëlla n'est pas terrible, mais tu es tellement adorable que c'est vraiment secondaire !"*

Il faut décoder !

Qu'entendez-vous parents, quand votre fils vous dit : *"Les profs, c'est tous des c..."* Entendez-vous que sa colère signifie une souffrance ?...

- on peut trouver dans les couples des interprétations à répétition !

Un mari (qui ne le fait jamais) rentre un jour avec un bouquet de fleurs. Reconstruisons la scène :

Elle - *Qui te les as données ?*

Lui - *Mais on ne me les a pas données, je les ai achetées ?*

- Pour qui ?

- Ben, pour toi !

- Ah bon ! tu m'achètes des fleurs maintenant... (après un temps de silence). Toi, tu as des choses à te faire pardonner !

- Alors, ça, c'est la meilleure : je pense à ma femme, je lui achète des fleurs, et voilà comment elle me reçoit, ça, c'est le bouquet ! C'est simple, je t'ai acheté des fleurs parce que je t'aime bien !

- Quoi ? Tu m'aimes ou tu m'aimes bien ? : ce n'est pas la même chose...

- Oh ! toi, tu es bouchée ou quoi... C'est simple, non ? Je rentre du travail, je passe devant la

fleuriste. Justement madame Dupont était devant la porte : je pense à toi .
- Quoi ? Quand tu vois la mère Dupont tu penses à moi !
- Oh, je t'en prie... Tu as vraiment l'esprit mal tourné ou tu dis n'importe quoi.
- C'est ça : dis en plus que je suis folle... Non, vois-tu, je ne suis pas tombée de la dernière pluie Moi aussi j'ai de l'expérience.!
- Tu as de l'expérience ? Tu as de l'expérience ? Que veux-tu dire ?... (puis, après un temps de "prise de conscience"). Cette fois j'ai tout compris : Tu me trompes !
- Pourquoi dis-tu ça.. ?
- C'est simple : tu m'as dit que tu as de l'expérience : j'en déduis que tu penses que je fais avec toi ce que ton amant fait avec sa femme pour l'aveugler : il lui achète des fleurs... J'ai tout compris ! (puis s'effondrant)... ma femme me trompe !
- Écoute, ne te mets pas dans un état pareil : il faut que tu comprennes ! Pour la première fois que tu m'offres des fleurs, je ne réalise pas. Tu devrais connaître les femmes : quand elles sont très émues et très touchées, elles ont besoin d'un temps pour se faire à l'idée !
- Et combien de temps ?
- Un certain temps !!

- aux blessures du passé !

"Quand tu parles comme ça, je ne peux pas le supporter : je crois entendre mon père. Tu dis les mêmes mots qui m'ont fait tant souffrir..."

Un être humain est comme un iceberg : dans sa partie cachée sont enfouies toutes les traces de ses relations antérieures, tout est gardé en mémoire. Si les relations avec nos parents ont été bonnes, il désire trouver avec son conjoint le même type de relations. Si elles ont été mauvaises, il cherche à réparer les souffrances des frustrations passées. Dans ce dernier cas, la demande peut être intense, et l'autre incapable de la satisfaire ; surtout si, lui-même, a été habitué à se taire devant ses parents qui parlaient pour lui, le dépossédaient de sa parole et de son ressenti !

- au ressentiment !

L'agressivité est fréquente en famille, elle est alimentée par des rancœurs accumulées, des ruminations entretenues. Des injures n'ont jamais été digérées ; des faiblesses n'ont jamais été pardonnées et “remontent” dans la conversation, empoisonnant la relation.

Des enfants par exemple, ont du mal à oublier les vieilles jalousies qui apparaissent à l'arrivée d'un autre enfant ou à la suite d'une préférence parentale.

- aux cercles vicieux !

Tous les couples fonctionnent avec des cercles vicieux mal repérés.

Exemple - Moins le mari parle, plus la

femme parle, ne fut-ce que pour le faire parler, et plus la femme parle, moins le mari a la possibilité de parler.

Autre exemple : Madame se plaint de faire seule "le sale boulot", puisque son mari ne dispute jamais les enfants. Lui, ne répond pas car *"Elle crie sans arrêt après les enfants, je ne vais pas en rajouter !"* Plus elle sévit, moins il réagit et, plus il se tait, plus elle se sent obligée de crier.

- aux différents besoins de communication !

Ils sont fonctions des éducations et caractères. Deux grands types apparaissent : Le "sec" qui n'a pas grand chose à dire et le "fleuve" qui parle sans arrêt.

Les heurts sont inévitables : *"Que c'est difficile de parler quand il n'y a pas de réponse. J'en ai marre que ce soit toujours moi qui parle ! J'en arrive à ne plus rien dire car je sais que ça ne sert à rien puisqu'il ne répond pas, on dirait même qu'il n'a pas entendu. Je suis encore plus seule qu'avant !"* **Valérie**

- Le mendiant de parole ressent un immense besoin d'échanges à la mesure de sa soif intense d'amour. Des frustrations dans l'enfance en sont souvent la cause : *"J'étais une petite fille et j'attendais la parole de mon père. Maintenant, j'attends celle de mon mari"*. **Anne**

Elles cachent parfois le besoin d'exister, d'être reconnu, une recherche de sécurité pour celui qui supporte mal la solitude... Mais ce désir de parole peut aussi correspondre à un désir d'échanges profonds spirituels ou éducatifs. Souvent il fait face au "muet", "un mur". Le problème, c'est que bien souvent le mendiant de parole se trouve en face d'un muet, d'un "mur".

Ce comportement du muet peut s'expliquer par diverses raisons, il peut :

* Trouver la parole inutile : du moment qu'il "agit", il croit "dire" : *"Tu vois bien que je t'aime avec tout ce que je fais pour toi."*

* Être inhibé par une pudeur datant de l'enfance. *"Je n'aime pas parler de moi..."*

* Avoir peur de se livrer, d'être jugé, désapprouvé, blessé, manipulé... ou de risquer un affrontement que craignent tant les pacifiques.

* Fuir devant les problèmes : *"Pour nos problèmes d'argent, mon mari dit toujours: ne t'en fais pas, ça s'arrangera, je suis encore plus stressée !"* C'est la négation du réel qui gêne à cause d'une surdité "diplomatique".

* S'enfermer pour éviter le harcèlement des questions incessantes de l'autre.

* Avoir du mal à verbaliser, à trouver les mots pour exprimer ses sentiments.

* Craindre de blesser ou ennuyer avec ses soucis. Parfois il a peur de l'autre.

* Aimer la solitude, la "Paix" et craindre les "bavardages insipides". *"Si seulement elle pouvait se taire pour qu'enfin je puisse l'entendre".*

- aux obstacles externes !

Fatigue, stress, télévision, engagements, manque de temps pour se rencontrer, présence très prenante des enfants...

- à l'immobilisme !

La non-envie de faire effort pour sortir de ses habitudes ; pour trouver le temps et le courage de parler.

Écoute et parole

■ Les deux clés de la communication

Pour communiquer, il faut un bon émetteur et un bon récepteur : Le récepteur sait écouter, l'émetteur sait parler.

L'Écoute et la Parole sont les deux créneaux de la communication.

Mais une communication réussie suppose deux préalables :

- Une volonté d'accueillir
- Une modération du plexus

Une volonté d'accueillir

La volonté d'accueillir exige un climat général d'ouverture aux autres au sein de la famille, un a priori favorable pour leurs comportements, une attention générale à leur vie.

"Si je ne sens pas cet a priori d'accueil, je ne parlerai pas..."

"Tu as l'art de me parler, quand j'ai autre chose à faire..."

Cela conduit à :

- **Devenir disponible**, savoir perdre du temps et valoriser l'autre en lui offrant ce temps d'écoute qu'il mérite.

C'est surtout vrai avec les enfants ! Ils pensent trop souvent que leurs parents, pressés, ont tellement de préoccupations plus importantes que leurs problèmes à eux : *"Dis maman, un jour, on parlera longtemps tous les deux, longtemps, toute la nuit et tout demain ?"*

- **Donner aux autres le droit de penser, de ressentir les choses librement.**

* Permettre à son mari de dire : *"Ras-le-bol de cette usine, un jour je plaquerai tout."* ou *"Je pense qu'il va m'arriver une tuile, je tends le*

dos..." sans lui donner de pieuses consolations.

* Permettre à sa femme de dire : "*J'en ai assez ! Les enfants sont trop insupportables.*"

* Permettre aux enfants d'exprimer leur rejet de l'école, leur peur des autres enfants ou des enseignants.

Une modération du plexus

L'Amour aide beaucoup la communication mais c'est peut être aussi ce qui la dessert le plus. Il arrive que, tellement concerné par les propos d'un proche, l'on soit incapable de l'accueillir et de l'écouter objectivement.

Madame, si votre ado. vous dit : "*Je te préviens, aux prochaines vacances, je pars camper avec deux copains à Nice, sous une tente.*" Ou si votre fille vous annonce : "*Je suis enceinte*". Comment réagissez-vous ? Êtes-vous capable de vous maîtriser, d'accueillir et d'écouter, avant de faire aussitôt une réflexion ? Quand on "aime" comment ne pas "bondir" littéralement, comment ne pas "partir au quart de tour", ne pas réagir sous la remarque provocante. Dès lors comment ne pas proférer rapidement un interdit ou un reproche ! On dira un spontané *"c'est affreux"* à la fille qui annonce qu'elle vit à Paris avec un divorcé et ses trois enfants, alors que cette fille pense exactement le contraire.

Monsieur, si votre fils vous dit un jour : *"Tu ne penses qu'à l'argent, qu'à ton travail !"* Êtes-vous capable de l'écouter d'abord avant de répondre ?

Si votre conjoint vous dit : *"C'est fou comme tu ressembles à ta mère..."* ou *"Je me demande si tu m'aimes encore"* ou *"Toi, tu as de la chance, tu as un travail en or... plus ta*

chasse le dimanche". Comment accueillez-vous ses paroles ?

Modérer le plexus, c'est maîtriser nos peurs, c'est ne pas s'affoler avant qu'il y ait réellement problème. Que de parents ont l'art de s'en faire avant qu'un événement grave ne soit réellement arrivé. Il faut apprendre à *"bloquer"* ses émotions, à dire à son plexus *"du calme"*, avant de passer à une écoute sincère. Cela suppose une sérénité profonde, indispensable plus que jamais pour l'éducateur moderne.

L'anxiété est une mauvaise conseillère et ne peut qu'amplifier et compliquer les difficultés. La peur est la grande ennemie de l'écoute ! ...

L'écoute

Il est difficile, sinon impossible, de trouver une parole heureuse tant que l'on ne comprend pas parfaitement l'autre. L'écoute est donc première, surtout avec les enfants, et c'est aux parents à écouter leurs enfants et non l'inverse. Le décalage est tel entre leur mentalité et celle de leurs jeunes que, s'ils n'essaient pas, d'abord, de bien les comprendre, ils ne pourront pas, ensuite, trouver une parole ajustée. Celle-ci tombera à côté de la plaque, comme un cataplasme sur une jambe de bois, une rustine à côté du trou !

I - Écouter

C'est permettre l'expression de ce qu'on ressent

Les parents permettent assez bien, en général, aux enfants de dire leurs points de vue, de donner leur avis sur ce qui se vit à la maison. Mais le plus important est de leur permettre d'exprimer leurs sentiments et surtout ceux qui sont négatifs (haine, colère, jalousie...) : *"C'est une erreur d'empêcher un enfant d'exprimer ses sentiments négatifs. Le petit garçon ne peut contrôler ses sentiments ; ils lui viennent à l'esprit sans crier gare, ils existent, autorisés ou non. Et c'est seulement quand il peut les exprimer sans crainte, s'en défouler, qu'il peut ensuite exposer ses sentiments positifs : ceux d'amour et d'affection ne pourront surgir tant que la colère et l'agressivité ne seront pas libérées. Les sentiments refoulés sont à l'origine des troubles psychologiques"*. Dodson

Dans le couple, (c'est vrai aussi pour le conjoint) un mari disait : *"Ma femme ne me laisse pas tranquille tant qu'elle ne m'a pas dit tout ce qu'elle a sur le cœur. elle a besoin d'être entendue."* Toute parole accueillie est libératrice, thérapeutique ! À l'inverse, toute parole non reçue, fait retour à l'envoyeur et provoque un abcès ! Si les conjoints savaient prendre le temps de s'écouter l'un l'autre, et acceptaient d'être pour l'autre ce lieu de *"décharge"* de ce qui les gêne, ils éviteraient d'aller payer un psychologue pour trouver ce temps d'écoute indispensable.

Imaginez le retour du travail d'un mari, après une journée fatiguante et une heure dans les transports en commun. Il a faim et s'aperçoit que la table n'est pas mise, la mère, manifestement débordée, donne le biberon à un enfant tout en téléphonant.

1er cas de figure : le mari lui dit : *"Tu n'es pas fichue de savoir t'organiser pour qu'on mange à l'heure."*

Comment, madame, réagiriez-vous si votre mari vous parlait ainsi ?

Comme Mme X...? : *"Tu n'as qu'à préparer le repas, tu as le temps !"*

Comme Mme Y...? : *"Je sais bien que je ne suis bonne à rien, tu me l'as assez dit."*

Comme Mme Z...? : (Elle pleure sans rien lui dire.)

2ème cas de figure : le mari lui dit : *"Je vais te montrer comment tu dois t'organiser."*

- Réagiriez-vous ?

Comme Mme X... ? : *"Ce serait pire : il me prendrait pour une débile !"*

Comme Mme Y... ? : *"Je suis assez grande pour me passer de tes conseils."*

3ème cas de figure : le mari cette fois dit au contraire : *"Eh bien, ma chérie, dur, dur ! Si je comprends bien, tu dois être au four et au moulin. Ce bébé qui a faim et ces gens qui t'importunent au téléphone, tu n'as pas le temps de chômer !"*

- Réagiriez-vous ?

Comme Mme X... ? : *"Je serais heureuse qu'il me comprenne !"*
Comme Mme Y... ? : *"Ça me donnerait du courage !"*
Comme Mme Z... ? : *"J'en mourrais d'étonnement !"*

Et maintenant, réfléchissez... Pointez les attitudes du mari qui vous déplaisent, et demandez-vous si ce n'est justement pas ainsi que vous agissez souvent avec vos enfants !

Pour que l'autre puisse exprimer ce qu'il ressent, cela suppose :

De savoir se taire, sans réagir trop vite !

Faites un essai en couple : *"Chérie, dis tout ce que tu as envie de dire pendant un quart d'heure. J'accueille ce que tu dis sans un mot, vide ton sac, je ne t'interromprai jamais."* C'est un exercice très difficile à tenir pour l'écoutant !

- **Écouter :** C'est permettre de ne pas apporter de consolations faciles et passe-partout.

"C'est rien, çà passera, c'est une mauvaise période ."

Si l'on dit : "C'est rien !" à une épouse qui vit quelque chose de grave, soyez assuré qu'elle n'a pas l'impression d'être comprise.

Simplement accueillir !

Attention, si les maris se précipitent, croyant bien faire, pour apporter des solutions aux problèmes de Madame alors que celle-ci n'en a rien à faire, mais veut simplement pouvoir parler !

- **Écouter :** C'est permettre de ne jamais blâmer, de juger ce qui apporte.

"Le plus grand obstacle à la communication interpersonnelle est notre tendance toute naturelle à juger les dires de l'autre" Rogers

Chaque fois que, dans notre réponse, notre attitude, il y a un atome de jugement, nous mettons un brin de poison dans la relation. *"Laissez venir à moi tous les êtres et qu'ils se jugent eux-mêmes"*, disait Simone Weil.

Même les jugements positifs *"c'est bien !"* ne sont pas toujours opportuns. Si un enfant dit à sa maman : *" Tu sais, j'ai donné mon chocolat à mon petit frère"*, quelle maman ne dira pas spontanément : *"Bravo, c'est bien, tu es un beau petit garçon"*, au lieu d'essayer de deviner ce que l'enfant voulait lui faire comprendre. Les *"c'est bien !", "c'est mal !"*, encouragent mais peuvent couper le dialogue, puisque "l'affaire" est jugée !

II - Écouter

C'est apprendre à décoder

Quand une personne dit : *"De grâce, écoute-moi !"* que dit-elle sinon : *"Comprends-moi !"*

C'est vrai dans le couple.

Que dit le mari qui déclare : *"Cette robe quelconque te va très bien !"*

Que dit cette femme qui murmure à son mari : *"C'est quel jour aujourd'hui ?"* Peut-être est-ce le jour de son anniversaire, de sa fête ou leur anniversaire de mariage ?

À une femme qui montrait la date du calendrier à son mari, celui-ci répondit rapidement :

- *Bonne fête, chérie !*
- *Excuse-moi... c'est mon anniversaire.*

Que dit le mari lorsqu'il annonce : *"J'ai envie de prendre des vacances !"* Et que la femme répond : *"Tu sais bien que nous n'avons pas d'argent !"* Elle n'a pas décodé que son mari parlait au niveau du rêve (il a bien le droit de rêver).

Quand il ne parle pas, parfois il nous dit : *"Écoute ce que je ne dis pas, je t'en prie. Ne sois pas trompé(e) par mon visage parce que je porte mille masques. Aucun n'est mon vrai moi. Je t'en prie, essaie d'entendre. J'ai vraiment envie d'être sincère, mais il faut que tu m'aides à sortir de la prison où je me suis moi-même enfermé, car plus*

on m'approche, plus je me calfeutre. Et je ne pense pas que je suis tellement différent de tous les hommes et de toi-même." Anonyme

Sait-on surtout décoder le niveau d'intensité du sentiment ?

Demander à un mari peu bavard : *"Qu'est-ce que ta femme te reproche ?"* Il répondra sans hésiter : *"Que je ne parle pas"*. Donc il connaît le grief (elle le répète assez !), mais ce qu'il n'a jamais entendu, c'est que son attitude de mur fait que sa femme est à bout, qu'elle en souffre affreusement.

C'est vrai pour les enfants.

Combien de pères répondent par de l'agressivité à l'agressivité irritante (convenons-en) d'un fils, au lieu de se demander si cette agressivité n'est pas le signe d'une grande souffrance cachée, qu'il faut repérer. S'il crie à table que le beefsteak est infect, peut-être a-t-il une difficulté à un autre plan... (avec un professeur ?) : le beefsteak, c'est le prof ! Il faut décoder. Que dit l'enfant à ses parents quand il s'écrie *"Les parents de Serge vont divorcer !"* sinon qu'il craint - peut-être - pour les siens.

III - Écouter

C'est aussi montrer qu'on a compris

Écouter, ce n'est pas se taire. Il s'agit de réaliser vraiment une écoute active, en montrant à l'autre qu'on a parfaitement compris ce qu'il a voulu dire. La preuve ? On est capable, avec d'autres mots, de lui renvoyer, en miroir, sa pensée exacte, parfaitement décodée, et cela *"à sa satisfaction"*.

Écoute active : mariage de la reformulation et de l'empathie

Reformulation

On en parle beaucoup aujourd'hui. L'inconvénient du mot *"reformulation"* est d'apparaître comme une technique de dialogue ; on y reflète systématiquement à l'autre ce qu'il exprime pour qu'il en dise davantage. Cette technique fort habile peut être utilisée avec l'intention machiavélique de manipuler subtilement. La reformulation n'a de sens et d'efficacité que si elle procède vraiment du cœur.

L'empathie

Il s'agit, dans un respect total, d'essayer de comprendre l'autre de l'intérieur. La reformulation, précédée de cette attitude du cœur s'appelle l'empathie (du grec : sentir, souffrir dans). Cette forme d'amour se traduit par un effort méritoire, jamais parfaitement réussi, pour se mettre réellement à la place de l'autre.

L’empathie d’un parent :

- C'est comprendre son enfant de l'intérieur. Réaliser par exemple que le soir il se sent souvent bien seul dans son lit quand papa et maman sont partis ensemble.

- C'est devenir enfant en restant parent !

Comment savoir si une reformulation procède de l'empathie ? Si c'est le cas, elle est re-formulation du sentiment et non des mots eux-mêmes : *“Maman, j'ai 10 en maths”* - (Si je comprends bien) tu es très content et très fier d'avoir eu une si bonne note. L'enfant qui se sent écouté existe !
Quand un enfant se croit mal-aimé, rien de tel que de reformuler les phrases qu'il a dites un jour pour le valoriser, et montrer qu'il est objet d'intérêt.

L’empathie d’un conjoint :

C'est aussi comprendre l'autre de l'intérieur.
* Pour un mari, c'est *“deviner”* la condition féminine avec ses contraintes, parfois sa non-reconnaissance dans notre société : devenir sa femme, en restant homme !

* Pour une femme, c'est comprendre de l'intérieur la vie de son mari avec ses fatigues, ses obligations et ses aléas, sans dire trop vite : *"Vous, les hommes, vous avez toutes les chances"*. Devenir homme, en restant femme !

Lorsque quelqu'un se sent compris, il connaît une joie réelle, il existe, il a le sentiment d'avoir de la valeur; c'est pour cette raison que ceux qui n'ont pas la parole : les handicapés, les enfants, les personnes âgées se sentent exclus d'une société.

▪ La Parole

Si l'écoute est essentielle dans un dialogue, il reste toute la place pour une expression de soi, une parole originale. Si tout le monde écoute, qui parle ?

Après une bonne écoute, il est plus facile de trouver la parole heureuse. Que dire ?

- L'écho en soi de cette écoute

- ***Montrer que l'on est pas insensible aux confidences reçues.***

Si la parole se situe après une écoute, il est évident que l'autre ne se contentera ni d'une simple reformulation, si délicate soit-elle, ni d'un conseil inopportun, non demandé.

Il est bon de commencer par dire les sentiments que la parole de l'autre a fait jaillir en soi.

"J'ai beaucoup de joie d'entendre que tu as aidé un copain à l'école", dira une maman à son enfant.

"Je suis très touché de ce que tu viens de dire au sujet de Nicolas, et je suis plein d'admiration pour lui", dira un mari, apprenant de sa femme le geste de son enfant.

Ce qui tue la vie de famille et de couple, c'est l'indifférence ! Montrer que l'on n'est pas insensible à tout ce qui est confié, est un devoir premier.

- ***Mieux encore ! Dire à l'autre le positif*** ou le merveilleux vus dans ses confidences.

À sa fille : *"Tu veux partir camper avec deux copains, j'admire votre courage et votre esprit de décision."*

- Toujours mieux ! Dire à l'autre ce qu'il apporte

"Je me dis, en t'entendant, qu'on ferait bien ton père et moi de prendre un peu de vacances, depuis le temps que l'on dit qu'on va le faire."

Quand on écoute son enfant, le premier qui est amené à changer, c'est soi !

- Dernier stade : donner son appréciation

On a le droit d'avoir un avis et d'en faire état. *"Je t'ai bien écouté... j'ai vu tout le sérieux de votre projet , mais j'ai trop d'amour pour toi pour ne pas te dire aussi mes craintes. Quand je fais la balance du positif et du négatif, le négatif l'emporte et je ne peux te donner l'autorisation que tu me demandes parceque..."*

- Le ressenti

Les maris désireux de plaire à leur épouse, s'ingénient souvent à chercher ce qu'ils pourraient bien lui dire. Les uns discutent de problèmes politiques, économiques ou sportifs... En général, ce n'est pas çà que l'épouse attend. Elle préfère que son mari parle de lui !

D'autres maris racontent ce qu'ils ont fait dans la journée. Là encore, ce qui intéresse l'épouse n'est pas d'abord ce qu'il fait, mais ce qu'il ressent ! *"Je me suis senti très humilié quand mon chef m'a fait ce reproche que je n'ai pas mérité"*.

Heureuse la femme dont le mari rentre en disant : *"J'en ai ras le bol à cause du contremaître, alors tu n'as pas intérêt à trop me parler"*. Elle sait quoi faire ! Elle se fera discrète. Le même mari dira, le lendemain : *"Si tu savais comme le long du trajet, j'avais hâte de te retrouver." Elle sait quoi faire : elle arrête la machine à laver.*

Heureuse épouse qui a un mari qui sait lui faire confiance en s'épanchant auprès d'elle : *"Quand Pierre se livre à moi, je suis vraiment heureuse. Cela prouve qu'il me fait toujours confiance, qu'il m'aime et que je suis assez intelligente pour comprendre ce qu'il m'explique."* **Lucie**

Heureux couples qui ont compris qu'on pouvait tout se dire, même le négatif si ce n'est pas comme un reproche à l'autre, mais comme l'expression de ce qu'on ressent .

Un mari disait à sa femme cette phrase admirable : *"J'ai eu souvent envie de t'étrangler, jamais de divorcer !"* Quelle justesse de ton !

Heureux enfants à qui des parents savent exprimer l'amour qu'ils ont pour eux.

Heureux enfants dont le père ne dit pas au nouvel an : *"Bonne année, bonne santé, et que vous ayez des bonnes notes cette année"*, mais qui trouve dans son cœur la phrase unique pour chacun et qui révèle sa tendresse.

À quoi ça sert de s'aimer en famille si on ne se le dit pas !

La condition sine-qua-non pour exprimer ce ressenti, c'est d'être capable de le nommer ! La communication avec les autres commence par celle avec soi-même. Est-ce que je me donne le droit d'avoir des sentiments ? Suis-je capable de mettre un mot sur chacune des émotions qui naissent en moi à chaque minute ? Est-ce que j'ose dire mon *"ressenti"* sans fausse pudeur ? Est-ce que j'accepte de parler de moi, de dire : "je" ? Est-ce que j'ose demander, dire mes désirs ?

- Une parole d'Amour

Les gestes ne suffisent pas

C'est vrai pour les enfants, comme pour le couple.

"S'étreindre semble un acte plus fort que le 'je t'aime', *si simple à prononcer. Mais alors pourquoi est si fréquente la demande : dis-moi que tu m'aimes ? Que les amoureux de tous les temps aient besoin de mots, dit combien le pouvoir des mots est créateur"*... Nicole Fabre

Dieu sait si la demande d'une parole d'amour est forte : *"J'aime quand tu me parles. Tu peux dire je t'aime sans que çà t'écorche la bouche ? Tu le dis si bien quand tu veux ! Si tu ne parles pas, j'ai mal, affreusement mal ! Je me replie sur moi dans une attente solitaire."* Marie

Les gestes ne suffisent pas ! Un sacrement n'est valide que s'il y a un geste (eau du baptême) et une parole ("*je te baptise*"). C'est identique en amour !

- Un peu d'imagination pour trouver le langage du cœur.

À chacun de trouver ces paroles heureuses qui jaillissent du cœur.

"Je t'aime aujourd'hui, pour ce que tu es aujourd'hui" (F)

"Jamais, en vingt ans, on ne s'est fait volontairement de la peine". (H)

"Je me suis marié les yeux fermés, et je ne le regrette pas". (H)

"J'aime quand tu as le cœur au bord des lèvres". (F)

"Je veux te dire tout l'amour que je ne te dis jamais : je t'aime..." (H)

"Tu me dis que tu m'aimes encore plus. Merci. Je ne sais comment cela peut se mesurer, mais il

me semble que mon amour pour toi est devenu à la fois plus fort, plus profond, et plus doux." (F)

- Une parole d'admiration et de reconnaissance

C'est essentiel pour l'enfant qui a besoin de lire, dans les yeux de son père surtout, une admiration pour toutes ses qualités.

C'est vrai pour l'époux qui sait bien que l'amour féminin comporte quatre vingt pour cent d'admiration.

C'est vrai pour l'épouse qui ne trouve pas désagréable les compliments sincères, qui sait que son travail est apprécié et qu'elle est toujours belle aux yeux de son aimé.

"Que tu es belle !"

"Que serais-je sans toi ?"

"Je te dis merci de ces vingt huit ans de vérité."

"Je suis partie dans le mariage croyant que c'était bien, mais c'est tellement mieux !"

"Que tu es belle ma bien-aimée. Tu es la lumière de ma vie, tu es le don royal de notre amour."

"Béni soit le jour de notre rencontre, béni soit ton amour qui est le sel de ma vie. Bénies soient les épreuves qui nous ont davantage rapprochés."

"Ta beauté m'apparaît comme au premier jour. Ta patience m'étonne toujours. Tu étais mieux que j'espérais. Tu deviens encore plus rayonnante que ce que j'attendais." (toutes paroles authentiques !)

- Une parole qui pleure

Comme le psalmiste de l'écriture se donne le droit de crier sa souffrance à son Dieu, comme on crie son amour, avec la même simplicité on crie sa peine certains jours.

"Je n'en peux plus..."

"J'ai peur de te décevoir."

"Ma déprime, c'est de savoir qu'elle te rend malheureux."

"Tant pis si tu ne m'aimes pas, je t'aime comme tu es."

"Longtemps je t'ai caché ma peine. Maintenant je te la confie. On sera deux pour la porter."

- Une parole élevante

Il reste que le plus grand cadeau que l'on fait à l'autre ou à ses enfants : c'est une parole qui livre le meilleur de soi, cette intériorité où se trouvent nos valeurs, nos raisons de vivre et notre relation avec Dieu.

"Toi, mon mari au cœur d'homme, loyal, disponible, intègre ; au cœur de père, intarissable d'amour, saignant à la peine de ses enfants ; au cœur d'époux, à l'amour insensé. Cœur de mon époux : ma porte ouverte sur la tendresse de Dieu."

"Plus on est disponible à Dieu et à la prière et plus on connaît l'autre. Communier avec Dieu et communier ensemble, çà va de pair. Si la paix de Dieu s'installe, on se donne la main : c'est le moment privilégié de notre communion."

Un Dieu de dialogue ou un Dieu muet ?

C'est incroyable, dit Dieu, comment les hommes, les hommes que j'aime, parlent de Moi ! Quand il leur arrive - car ça leur arrive parfois - de parler de Moi.

Il paraît, à ce qu'on dit (et je sais qu'on le dit) que ces hommes que j'aime disent que Moi, Dieu, je ne parle pas, que je suis un Dieu sans parole. Un Dieu muet. Un Dieu muet qui, en plus, n'écoute pas

leurs paroles. Un Dieu sourd, autrement dit, un Dieu sourd-muet !

Est-ce que toute la Création - ma merveilleuse création - n'est pas un Livre immense où toute ma parole est merveilleusement enregistrée ?

N'est-elle pas un merveilleux disque-compact où ma parole est merveilleusement gravée ? L'immensité vertigineuse d'un ciel étoilé ne dit-elle pas suffisamment, immensément, une parole qui crie mon immensité, ma vertigineuse grandeur ?

Le somptueux soleil qui diffuse une inépuisable énergie ne dit-il pas, bien haut, somptueusement, mon inépuisable puissance ?

Cette incroyable planète terre, que j'ai préparée amoureusement (et avec quelle sollicitude), y cachant ici du pétrole, là de l'uranium ou du fer, l'ensemençant de fleurs et de légumes, ne dit-elle pas à l'homme, qui veut entendre, mon amoureuse sollicitude ?

C'est vrai que l'homme aurait aimé trouver du tout fait, du tout préparé, du tout cuit.

Mais que voulez-vous, je ne suis pas paternaliste !

Mais n'ai-je pas mis à sa disposition tout ce qu'il lui fallait pour construire des buildings, des Boïngs, des TGV et des Scanners ?

Et la rose, le lys et l'orchidée dont j'ai ciselé la robe ne chantent-ils pas à qui veut l'entendre que ce n'est pas Dior mais la Beauté infinie qui les a pensés ?

Chaque créature, chaque brin d'herbe, chaque feuille des arbres, chaque insecte chante ma gloire et l'amour que j'ai pour l'homme.

Moi, un Dieu muet ! ... ce qu'il ne faut pas entendre !

Et si encore, je n'avais fait que ça...

N'ai-je pas pris la peine de me choisir des porte-paroles percutants, des prophètes patentés, des messagers porteurs de mes messages les plus percutants ? Des sacrés bonshommes, médiatiques par surcroît : Moïse, Isaïe, Ezéchiel, Osée...

Moi, un Dieu muet ?

Quand je pense que j'ai chargé Moïse de dire aux hommes mon Identité, de dire qui JE SUIS... Que je l'ai chargé de donner aux hommes mes dix Commandements, mes commandements qui ne sont pas d'abord des commandements, mais les bases du bonheur qui ne devraient pas être commandées...

Et encore, si je n'avais fait que ça...

Mais un jour, j'ai envoyé aux hommes ma Parole elle-même, Ma Parole faite chair, mon Fils bien-aimé... Celui-là même qui est mon expression la plus pure.

Mais qu'est-ce qu'il leur faut donc de plus ?... mais qu'est-ce que je pouvais faire de mieux ?

Oui, ma Parole un jour a retenti sur la planète Terre. Dans le silence d'abord : et Dieu sait (et donc Je le sais) que le silence de la crèche, que le silence du Golgotha, ça a fait un sacré bruit, un bruit sacré.

Et ma Parole bien-aimée, elle a dit aussi des mots exquis, des mots adorables, des mots adorablement exquis : *"Dieu est Amour"* "Si tu savais le don de Dieu", "Mon joug est doux". "Que sert à l'homme de gagner l'univers". "Aimez-vous les uns les autres"...

Ça, ce sont des sacrées paroles, non ? des paroles sacrées, qui depuis deux mille ans ont secoué de leur torpeur les entendants et ont fabriqué des saints...

Un Dieu muet ? Que devais-je faire de plus ? Laisser à chacun mon numéro de téléphone rouge ? Mais justement, j'ai laissé en chacun une voix en permanence, une voix branchée qui parle en permanence : la voix douce et suppliante de mon Esprit, la voix amoureuse de mon Esprit d'Amour.

Non, je ne suis pas un Dieu muet, un Dieu sourd, un Dieu sourd-muet ! Et si les hommes n'entendent pas, c'est qu'il y a un problème : je suis sûr de ne pas avoir créé des hommes sourds. Alors s'ils n'entendent pas, non, il n'y a pas de problème, c'est qu'ils ne veulent pas entendre !

Petits trucs pour mieux communiquer

La Para-communication : c'est à dire une réflexion sur la façon dont on communique : *"Et si on communiquait sur le fait qu'on ne communique pas !"*

Le couple réfléchit sur son fonctionnement. Il repère les fuites habiles que chacun utilise pour ne pas communiquer : bricolage - engagement à l'extérieur - télé - silence - maladies feintes - humour - acharnement au ménage - discussions théoriques - humour - silence...

Le couple repère les cercles vicieux, les jeux divers qu'il utilise pour camoufler ses problèmes.

Chacun étudie sa façon d'échanger : Est-ce que je freine, je me bloque, je harcèle , j'accueille ? ...

Moments privilégiés

Repérer les moments privilégiés : temps forts des vacances, retraites, des périodes sans enfants...

Espaces de négociation

Se donner des temps prévus d'échange, ne jamais s'endormir sur un malentendu, ou une dispute.

L'utilisation des symboles

On invente mille petits gestes riches de sens : petits papiers laissés partout quand on s'absente, petits cadeaux signifiants qui permettent au conjoint, ou aux enfants, de mieux supporter une période de séparation.

Surtout ! Développer des qualités indispensables

- ***La Cohérence*** : Que notre parole corresponde à ce que nous pensons et ce que nous vivons, comme Jésus dont toute la vie confirme le message.

- ***L'Humilité*** : Se reconnaître pauvre, pour reconnaître son besoin de l'autre et ne pas entrer en lutte de pouvoir.

- ***L'Effort*** : On n'évitera pas de faire un effort pour se forcer à parler !

- ***La Simplicité,*** qui permet de s'épancher dans la confiance.

- *L'Amour* :

Aime et fait ce que tu veux.

Si tu te tais, tais-toi par amour ;

si tu parles, parle par amour.

Si tu corriges, corrige par amour ;

aie au fond du cœur la racine de l'amour:

de cette racine il ne peut sortir que du bon.

St Augustin

En conclusion

Du devoir au plaisir

Ainsi l'importance de la communication au sein d'une famille est facilement perçue : comment vivre cinquante ans de vie commune si le couple n'a pas emporté avec lui cet instrument indispensable d'adaptation en face des évolutions inévitables de l'un ou l'autre des conjoints ? Dans un monde difficile où l'enfant est soumis dans l'environnement et les médias aux messages les plus disparates comme les plus dangereux, comment l'aider à réfléchir, à acquérir un esprit critique sinon par un dialogue respectueux et patient ?

Mais, en même temps, force est de constater que la communication ne va pas de soi ! Nous avons tous à apprendre à communiquer ! C'est à dire à s'écouter (mettre un mot sur ses émotions), à écouter sans jugement (décoder), à oser parler

(sans blesser). Et cet apprentissage à la communication, ne nous faisons pas d'illusion, demande un effort. Un mouvement de spiritualité familiale comme les Équipes Notre-Dame demande impérieusement aux conjoints de pratiquer chaque mois le *"Devoir de s'asseoir"*: prendre le temps de se parler et de faire le point de leur vie amoureuse et spirituelle. Le mot "Devoir" peut avoir quelque chose de choquant : ceux qui s'aiment n'ont-ils pas un besoin spontané de partager, de se dire leur amour ? Et pourtant, l'expérience montre que beaucoup n'éprouvent plus ce besoin après quelques mois ou quelques années :

"On n'a plus rien à se dire, on s'est tout dit". Et voilà bien le danger pour le couple : quand un conjoint a une aventure extra-conjugale, ne s'empresse-t-il de vous dire : *"avec l'autre, ce qui est merveilleux, c'est que nous parlons c'est que nous communiquons vraiment !"*

Dès lors la conclusion s'impose : on ne peut faire l'économie d'un véritable effort pour renouer le dialogue endormi. Une des grandes difficultés de la communication tient aux variations du désir dans le temps : l'un voudrait parler quand l'autre, préoccupé par ailleurs, n'est pas partant pour un vrai dialogue. De plus les conjoints butent sur la différence des centres d'intérêt, si bien qu'ils peuvent s'ennuyer des propos de l'autre. Il est possible aussi que l'un des deux (souvent la femme) ait un besoin de voir aborder les problèmes du couple (financiers, éducatifs...) alors que l'autre a tendance à les occulter . Si bien qu'en fait, insidieusement et sûrement, s'établit dans la famille un silence mortifère dont le couple prend terriblement conscience quand les enfants sont absents. On ne peut dépasser ces handicaps qu'en décidant au départ -volontairement (aimer, c'est aussi vouloir aimer)- de conserver précieusement des temps de dialogues.

C'est vrai que parfois, il faut considérer que c'est un devoir de tout faire pour mettre en place un échange dont on ne ressent peut-être plus un vrai besoin. Mais cet effort est payant. Dans la mesure où cet échange est plus qu'une discussion intellectuelle ou purement pragmatique, dans la mesure où s'instaure une communication au niveau des ressentis, où chacun exprime en vérité sa tendresse, ses aspirations, ses rêves, mais aussi ses attentes et ses déceptions, où les contentieux se réglent par une meilleure compréhension réciproque, le couple alors accède à la Communication-Communion. Il peut goûter la volupté de la Communication et n'a plus qu'un désir : retrouver ces moments privilégiés. Le devoir a fait place au plaisir de s'asseoir.

"Parle-moi d'amour ! Dis-moi les mots que tu chantais.

La nuit est sombre. Les étoiles sont perdues dans les nuages.

Le vent soupire à travers les feuilles.

Je dénouerai ma chevelure.

Mon manteau bleu m'enveloppera de nuit. Je presserai ta tête contre mon sein ; et là dans la douce solitude, je parlerai bas à ton cœur. Je fermerai mes yeux et j'écouterai. Je ne regarderai pas ton visage.

Quand tes paroles auront cessé, nous resterons silencieux et tranquilles : les arbres seuls chuchoteront dans les ténèbres .

La nuit pâlira, le jour naîtra…

Parle-moi mon amour, dis-moi les mots que tu chantais." Tagore

Table

Achevé d'imprimer en France le 30 octobre 2002
sur les presses de
IDG
Imprimerie D. Guéniot - Langres - Saints-Geosmes
Dépôt légal : novembre 2002 - N° d'imprimeur : 4871